卞尺丹几乙し丹卞と

Translated Language Learning

The Nightingale and the Rose

कोकिला और गुलाब

Oscar Wilde

English / हिंदी

Copyright © 2023 Tranzlaty
All rights reserved.
ISBN: 978-1-83566-011-9
Original text by Oscar Wilde
The Nightingale and the Rose
Written in 1888 in English
www.tranzlaty.com

The Nightingale and the Rose
कोकिला और गुलाब

'She said that she would dance with me if I brought her red roses'
'उसने कहा कि अगर मैं उसके लाल गुलाब लाऊं तो वह मेरे साथ नृत्य करेगी'

'but in all my garden there is no red rose' cried the young Student
'लेकिन मेरे पूरे बगीचे में कोई लाल गुलाब नहीं है' युवा छात्र चिल्लाया।

from her nest in the holm-oak tree the nightingale heard him
होल्म-ओक के पेड़ में अपने घोंसले से नाइटिंगेल ने उसे सुना।

and she looked out through the leaves, and wondered
और उसने पत्तियों के माध्यम से बाहर देखा, और आश्चर्य किया।

'No red rose in all my garden!' he cried
'मेरे सारे बगीचे में कोई लाल गुलाब नहीं है!' वह चिल्लाया।

and his beautiful eyes filled with tears
और उसकी सुंदर आँखें आँसुओं से भर गईं।

'On what little things does happiness depend!'
"खुशी किन छोटी चीजों पर निर्भर करती है!

'I have read all that the wise men have written'
'मैंने वह सब पढ़ा है जो ज्ञानियों ने लिखा है'

'all the secrets of philosophy are mine'
'दर्शन के सभी रहस्य मेरे हैं'

'yet for want of a red rose my life is made wretched'
'फिर भी लाल गुलाब की कमी के कारण मेरा जीवन अभागा हो गया है'

'Here at last is a true lover,' said the nightingale
'यहाँ अंत में एक सच्चा प्रेमी है,' नाइटिंगेल ने कहा।

'Night after night have I sung of him, though I knew him not'
'रात-दर-रात मैंने उसके बारे में गाया है, हालांकि मैं उसे नहीं जानता था'

'Night after night have I told his story to the stars'
'रात-दर-रात मैंने सितारों को उसकी कहानी सुनाई है'

'and now I see him'
'और अब मैं उसे देखता हूं'

'His hair is as dark as the hyacinth-blossom'
'उसके बाल जलकुंभी-फूल की तरह काले हैं'

'and his lips are as red as the rose of his desire'
'और उसके होंठ उसकी इच्छा के गुलाब की तरह लाल हैं'

'but passion has made his face like pale Ivory'
'लेकिन जुनून ने उनके चेहरे को पीला हाथी दांत जैसा बना दिया है'

'and sorrow has set her seal upon his brow'
'और दुःख ने उसकी भौंह पर अपनी मुहर लगा दी है'

'The Prince has organized a ball tomorrow,' said the young student
'राजकुमार ने कल एक गेंद का आयोजन किया है,' युवा छात्र ने कहा।

'and my love will be there'
'और मेरा प्यार वहां रहेगा'

'If I bring her a red rose, she will dance with me'
'अगर मैं उसे लाल गुलाब लाऊं, तो वह मेरे साथ नृत्य करेगी'

'If I bring her a red rose, I will hold her in my arms'
'अगर मैं उसे एक लाल गुलाब लाऊं, तो मैं उसे अपनी बाहों में पकड़ लूंगा'

'and she will lean her head upon my shoulder'
'और वह अपना सिर मेरे कंधे पर झुका देगी'
'and her hand will be clasped in mine'
'और उसका हाथ मेरे हाथ में जकड़ लिया जाएगा'

'But there is no red rose in my garden'
'लेकिन मेरे बगीचे में कोई लाल गुलाब नहीं है'
'so I will sit lonely'
'तो मैं अकेला बैठ जाऊंगा'
'and she will go past me'
'और वह मुझसे आगे निकल जाएगी'
'She will have no heed of me'
'वह मेरी बात पर ध्यान नहीं देगी'
'and my heart will break'
'और मेरा दिल टूट जाएगा'

'Here indeed is the true lover,' said the nightingale
"यहाँ वास्तव में सच्चा प्रेमी है," नाइटिंगेल ने कहा।
'What I sing of he suffers'
'मैं जो गाता हूं वह पीड़ित है'
'what is joy to me is pain to him'
'जो मेरे लिए खुशी की बात है वह उसके लिए दर्द है'
'Surely love is a wonderful thing'
"निश्चित रूप से प्यार एक अद्भुत चीज है"
'love is more precious than emeralds'
'प्यार पन्ना से ज्यादा कीमती है'

'and love is dearer than fine opals'
'और प्यार अच्छे ओपल से ज्यादा प्यारा है'
'Pearls and pomegranates cannot buy love'

'मोती और अनार प्यार नहीं खरीद सकते'
'nor is love sold in the market-place'
'न ही प्यार बाजार-स्थान में बेचा जाता है'
'love can not be bought from merchants'
'प्यार व्यापारियों से नहीं खरीदा जा सकता'
'nor can love be weighed on a balance for gold'
'न ही प्यार को सोने के लिए संतुलन पर तौला जा सकता है'

'The musicians will sit in their gallery,' said the young student
'संगीतकार अपनी गैलरी में बैठेंगे,' युवा छात्र ने कहा।
'and they will play upon their stringed instruments'
'और वे अपने तार वाले वाद्ययंत्रों पर खेलेंगे'
'and my love will dance to the sound of the harp'
'और मेरा प्यार वीणा की आवाज़ पर नाचेगा'
'and she will dance to the sound of the violin'
'और वह वायलिन की आवाज़ पर नृत्य करेगी'
'She will dance so lightly her feet won't touch the floor'
'वह इतने हल्के से नाचेगी कि उसके पैर फर्श को नहीं छुएंगे'

'and the courtiers will throng round her'
'और दरबारी उसके चारों ओर उमड़ेंगे'
'but she will not dance with me'
'लेकिन वह मेरे साथ नृत्य नहीं करेगी'
'because I have no red rose to give her'
'क्योंकि मेरे पास उसे देने के लिए कोई लाल गुलाब नहीं है'
he flung himself down on the grass
उसने खुद को घास पर फेंक दिया।
and he buried his face in his hands and wept
और उसने अपना चेहरा अपने हाथों में दफनाया और रोया।

'Why is he weeping?' asked a little Green Lizard
'वह क्यों रो रहा है?' एक छोटी हरी छिपकली ने पूछा।
while he ran past with his tail in the air
जबकि वह हवा में अपनी पूंछ के साथ भाग गया
'Why indeed?' said a Butterfly
"वास्तव में क्यों?" एक तितली ने कहा।
while he was fluttering about after a sunbeam
जब वह सूरज की किरण के बाद फड़फड़ा रहा था
'Why indeed?' whispered a daisy to his neighbour in a soft, low voice
'वास्तव में क्यों?' डेज़ी ने अपने पड़ोसी को नरम, धीमी आवाज़ में फुसफुसाया।

'He is weeping for a red rose,' said the nightingale
'वह लाल गुलाब के लिए रो रहा है,' नाइटिंगेल ने कहा।
'For a red rose!?' they exclaimed
'लाल गुलाब के लिए!?' उन्होंने कहा।
'how very ridiculous!'
"कितना हास्यास्पद है!
and the little Lizard, who was something of a cynic, laughed outright
और छोटी छिपकली, जो एक निंदक थी, सीधे हंस ने लगी।

But the nightingale understood the secret of the student's sorrow
लेकिन नाइटिंगेल को छात्र के दुख का राज समझ में आ गया।
and she sat silent in the oak-tree
और वह बांज के पेड़ में चुपचाप बैठ गई।
and she thought about the mystery of love

और उसने प्यार के रहस्य के बारे में सोचा।
Suddenly she spread her brown wings
अचानक उसने अपने भूरे पंख फैला दिए।
and she soared into the air
और वह हवा में उछल गया।

She passed through the grove like a shadow
वह एक छाया की तरह उपवन से गुजरी।
and like a shadow she sailed across the garden
और एक छाया की तरह वह बगीचे में चला गया।
In the centre of the garden was a beautiful rose-tree
बगीचे के केंद्र में एक सुंदर गुलाब का पेड़ था।
and when she saw the rose-tree, she flew over to it
और जब उसने गुलाब के पेड़ को देखा, तो वह उड़ गई
and she perched upon a twig
और वह एक टहनी पर बैठ गई।

'Give me a red rose,' she cried
"मुझे एक लाल गुलाब दे दो," वह चिल्लाई।
'give me a red rose and I will sing you my sweetest song'
"मुझे एक लाल गुलाब दो और मैं तुम्हें अपना सबसे प्यारा गीत गाऊंगा।
But the Tree shook its head
लेकिन पेड़ ने अपना सिर हिला दिया।
'My roses are white,' the rose-tree answered
'मेरे गुलाब सफेद हैं,' गुलाब के पेड़ ने जवाब दिया।

'as white as the foam of the sea'
'समुद्र के झाग की तरह सफेद'
'and whiter than the snow upon the mountain'

'और पहाड़ पर बर्फ से भी सफेद'

'But go to my brother who grows round the old sun-dial'
'लेकिन मेरे भाई के पास जाओ जो पुराने सन-डायल के चारों ओर बढ़ता है'

'perhaps he will give you what you want'
'शायद वह आपको वह देगा जो आप चाहते हैं'

So the nightingale flew over to his brother
इसलिए नाइटिंगेल अपने भाई के पास उड़ गया।

the rose-tree growing round the old sun-dial
पुराने सन-डायल के चारों ओर उगने वाला गुलाब का पेड़

'Give me a red rose,' she cried
"मुझे एक लाल गुलाब दे दो," वह चिल्लाई।

'give me a red rose and I will sing you my sweetest song'
"मुझे एक लाल गुलाब दो और मैं तुम्हें अपना सबसे प्यारा गीत गाऊंगा।

But the rose-tree shook its head
लेकिन गुलाब के पेड़ ने अपना सिर हिला दिया।

'My roses are yellow,' the rose-tree answered
'मेरे गुलाब पीले हैं,' गुलाब के पेड़ ने जवाब दिया।

'as yellow as the hair of a mermaid'
'जलपरी के बालों की तरह पीला'

'and yellower than the daffodil that blooms in the meadow'
'और घास के मैदान में खिलने वाले डैफोडिल से पीला'

'before the mower comes with his scythe'
'घास काटने वाले के अपने स्कीथ के साथ आने से पहले'

'but go to my brother who grows beneath the student's window'

'लेकिन मेरे भाई के पास जाओ जो छात्र की खिड़की के नीचे बढ़ता है'
'and perhaps he will give you what you want'
'और शायद वह आपको वह देगा जो आप चाहते हैं'

So the nightingale flew over to his brother
इसलिए नाइटिंगेल अपने भाई के पास उड़ गया।
the rose-tree growing beneath the student's window
छात्र की खिड़की के नीचे उगने वाला गुलाब का पेड़
'give me a red rose,' she cried
"मुझे एक लाल गुलाब दे दो," वह चिल्लाई।
'give me a red rose and I will sing you my sweetest song'
"मुझे एक लाल गुलाब दो और मैं तुम्हें अपना सबसे प्यारा गीत गाऊंगा।
But the rose-tree shook its head
लेकिन गुलाब के पेड़ ने अपना सिर हिला दिया।

'My roses are red,' the rose-tree answered
"मेरे गुलाब लाल हैं," गुलाब के पेड़ ने जवाब दिया।
'as red as the feet of the dove'
'कबूतर के पैरों की तरह लाल'
'and redder than the great fans of coral'
'और कोरल के महान प्रशंसकों की तुलना में लाल'
'the corals that sway in the ocean-cavern'
'समुद्र-गुफा में बहने वाले कोरल'

'But the winter has chilled my veins'
'लेकिन सर्दियों ने मेरी नसों को ठंडा कर दिया है'
'and the frost has nipped my buds'
'और ठंढ ने मेरी कलियों को डुबो दिया है'
'and the storm has broken my branches'

'और तूफान ने मेरी शाखाओं को तोड़ दिया है'
'and I shall have no roses at all this year'
'और इस साल मेरे पास कोई गुलाब नहीं होगा'

'One red rose is all I want,' cried the nightingale
'एक लाल गुलाब मुझे चाहिए,' नाइटिंगेल चिल्लाया।
'Is there no way by which I can get it?'
"क्या कोई तरीका नहीं है जिसके द्वारा मैं इसे प्राप्त कर सकता हूं?
'There is a way' answered the rose-tree'
'एक रास्ता है', गुलाब के पेड़ ने जवाब दिया'
'but it is so terrible that I dare not tell you'
'लेकिन यह इतना भयानक है कि मैं आपको बताने की हिम्मत नहीं करता'
'Tell it to me' said the nightingale
'मुझे बताओ,' नाइटिंगेल ने कहा।
'I am not afraid'
'मुझे डर नहीं लगता'

'If you want a red rose,' said the rose-tree
'यदि आप एक लाल गुलाब चाहते हैं,' गुलाब के पेड़ ने कहा।
'if you want a red rose you must build the rose out of music'
"यदि आप एक लाल गुलाब चाहते हैं तो आपको संगीत से गुलाब का निर्माण करना होगा।
'while the moonlight shines upon you'
'जबकि चांदनी तुम पर चमकती है'
'and you must stain the rose with your own heart's blood'
'और तुम्हें गुलाब को अपने दिल के खून से दागना होगा'

'You must sing to me with your breast against a thorn'
'तुम्हें एक कांटे के खिलाफ अपने स्तन के साथ मेरे लिए गाना चाहिए'

'All night long you must sing to me'
'पूरी रात तुम्हें मेरे लिए गाना चाहिए'

'the thorn must pierce your heart'
'कांटे को आपके दिल में छेद करना चाहिए'

'your life-blood must flow into my veins'
'आपका जीवन-रक्त मेरी रगों में बहना चाहिए'

'and your life-blood must become my own'
'और तुम्हारा जीवन-रक्त मेरा अपना होना चाहिए'

'Death is a high price to pay for a red rose,' cried the nightingale
'लाल गुलाब के लिए मौत एक बड़ी कीमत है,' नाइटिंगेल चिल्लाया।

'life is very dear to all'
'जीवन सभी को बहुत प्रिय है'

'It is pleasant to sit in the green wood'
'हरी लकड़ी में बैठना सुखद है'

'it is nice to watch the sun in his chariot of gold'
'सोने के अपने रथ में सूर्य को देखना अच्छा लगता है'

'and it is nice to watch the moon in her chariot of pearl'
'और मोती के अपने रथ में चंद्रमा को देखना अच्छा लगता है'

'sweet is the scent of the hawthorn'
'नागफनी की खुशबू मीठी होती है'

'sweet are the bluebells that hide in the valley'
'घाटी में छिपने वाली ब्लूबेल्स मीठी होती हैं'

'and sweet is the heather that blows on the hill'
'और मीठा वह हीथर है जो पहाड़ी पर बहती है'

'Yet love is better than life'
"फिर भी प्यार जीवन से बेहतर है"

'and what is the heart of a bird compared to the heart of a man?'
"और एक आदमी के दिल की तुलना में एक पक्षी का दिल क्या है?
So she spread her brown wings for flight
इसलिए उसने उड़ान के लिए अपने भूरे रंग के पंख फैलाए।
and she soared into the air
और वह हवा में उछल गया।
She swept over the garden like a shadow
वह एक छाया की तरह बगीचे में बह गई।
and like a shadow she sailed through the grove
और एक छाया की तरह वह उपवन के माध्यम से रवाना हुई।

The young Student was still lying in the garden
युवा छात्र अभी भी बगीचे में पड़ा हुआ था।
and his tears were not yet dry in his beautiful eyes
और उसके आँसू अभी तक उसकी सुंदर आँखों में सूखे नहीं थे।
'Be happy,' cried the nightingale
'खुश रहो,' नाइटिंगेल चिल्लाया।
'you shall have your red rose'
'आपके पास अपना लाल गुलाब होगा'
'I will make your rose out of music'
'मैं संगीत से आपका गुलाब बनाऊंगा'
'while the moonlight shines upon me'
'जबकि चांदनी मुझ पर चमकती है'

'and I will stain your rose with my own heart's blood'
'और मैं तुम्हारे गुलाब को अपने दिल के खून से दाग दूँगा'
'All that I ask of you in return is that you will be a true lover'

"बदले में मैं आपसे जो कुछ भी मांगता हूं वह यह है कि आप एक सच्चे प्रेमी होंगे।

'because love is wiser than Philosophy, though she is wise'
"क्योंकि प्रेम दर्शन से अधिक बुद्धिमान है, हालांकि वह बुद्धिमान है।
'and love is mightier than power, though he is mighty'
"और प्रेम शक्ति से अधिक शक्तिशाली है, हालांकि वह शक्तिशाली है।

'flame-coloured are his wings'
'लौ के रंग के उनके पंख हैं'
'and coloured like flame is his body'
'और लौ की तरह रंगीन उसका शरीर है'
'His lips are as sweet as honey'
'उसके होंठ शहद की तरह मीठे हैं'
'and his breath is like frankincense'
'और उसकी सांस लोबान की तरह है'

The Student looked up from the grass
छात्र ने घास से ऊपर देखा।
and he listened to the nightingale
और उसने नाइटिंगेल की बात सुनी
but he could not understand what she was saying
लेकिन वह समझ नहीं पा रहा था कि वह क्या कह रहा था।
because he only knew what he had read in books
क्योंकि वह केवल वही जानता था जो उसने किताबों में पढ़ा था।
But the Oak-tree understood, and he felt sad
लेकिन ओक-पेड़ समझ गया, और वह दुखी महसूस किया।

he was very fond of the little nightingale
वह छोटी नाइटिंगेल का बहुत शौकीन था।

because she had built her nest in his branches
क्योंकि उसने अपनी शाखाओं में अपना घोंसला बनाया था

'Sing one last song for me,' he whispered
"मेरे लिए एक आखिरी गीत गाओ," वह फुसफुसाए।

'I shall feel very lonely when you are gone'
'जब तुम चले जाओगे तो मैं बहुत अकेला महसूस करूंगा'

So the nightingale sang to the Oak-tree
इसलिए नाइटिंगेल ने ओक-पेड़ के लिए गाया।

and her voice was like water bubbling from a silver jar
और उसकी आवाज़ चांदी के जार से बुदबुदाते पानी की तरह थी।

When she had finished her song the student got up
जब उसने अपना गाना खत्म कर लिया तो छात्र उठ गया।

and he pulled out a note-book
और उसने एक नोट-बुक निकाली।

and he found a lead-pencil in his pocket
और उसे अपनी जेब में एक लीड-पेंसिल मिली।

'She has form,' he said to himself
"उसके पास रूप है," उसने खुद से कहा।

'that she has form cannot be denied to her'
'उसके पास फॉर्म है, इससे इनकार नहीं किया जा सकता'

'but does she have feeling?'
"लेकिन क्या उसे महसूस होता है?

'I am afraid she has no feeling'
'मुझे डर है कि उसे कोई भावना नहीं है'

'In fact, she is like most artists'
'वास्तव में, वह ज्यादातर कलाकारों की तरह है'

'she is all style, without any sincerity'
'वह बिना किसी ईमानदारी के सभी शैली की है'
'She would not sacrifice herself for others'
'वह दूसरों के लिए खुद को बलिदान नहीं करेगी'
'She thinks merely of music'
'वह सिर्फ संगीत के बारे में सोचती है'
'and everybody knows that the arts are selfish'
'और हर कोई जानता है कि कला स्वार्थी है'

'Still, it must be admitted that she has some beautiful notes'
'फिर भी, यह स्वीकार किया जाना चाहिए कि उसके पास कुछ सुंदर नोट्स हैं'
'it's a pity her song does not mean anything'
'यह अफ़सोस की बात है कि उनके गीत का कोई मतलब नहीं है'
'and it's a pity her song is not useful'
'और यह अफ़सोस की बात है कि उसका गीत उपयोगी नहीं है'
And he went into his room
और वह अपने कमरे में चला गया।
and he lay down on his little pallet-bed
और वह अपने छोटे से फूस के बिस्तर पर लेट गया।
and he began to think of his love until he fell asleep
और वह अपने प्यार के बारे में तब तक सोचने लगा जब तक कि वह सो नहीं गया।

And when the moon shone in the heavens the nightingale flew to the Rose-tree
और जब चंद्रमा आकाश में चमक रहा था, तो नाइटिंगेल गुलाब के पेड़ के पास उड़ गया।
and she set her breast against the thorn

और उसने अपने स्तन को कांटे के खिलाफ सेट किया।
All night long she sang with her breast against the thorn
सारी रात वह अपने स्तन को कांटे के सामने रखकर गाती रही।
and the cold crystal Moon leaned down and listened
और ठंडा क्रिस्टल चंद्रमा नीचे झुक गया और सुनने लगा।
All night long she sang
सारी रात वह गाती रही।
and the thorn went deeper and deeper into her breast
और कांटा उसके स्तन में गहरा और गहरा हो गया।
and her life-blood ebbed away from her
और उसका जीवन-रक्त उससे दूर हो गया।

First she sang of the birth of love in the heart of a boy and a girl
पहले उसने एक लड़के और एक लड़की के दिल में प्यार के जन्म का गीत गाया।
And on the topmost branch of the rose-tree there blossomed a marvellous rose
और गुलाब के पेड़ की सबसे ऊपरी शाखा पर एक अद्भुत गुलाब खिल गया।
petal followed petal, as song followed song
पंखुड़ी ने पंखुड़ी का अनुसरण किया, गीत के बाद गीत
At first the rose was still pale
पहले गुलाब अभी भी पीला था।

as pale as the mist that hangs over the river
नदी के ऊपर लटकने वाली धुंध की तरह पीला।
as pale as the feet of the morning
सुबह के पैरों की तरह पीला।
and as silver as the wings of dawn

और भोर के पंखों की तरह चांदी
As pale the shadow of a rose in a mirror of silver
चांदी के दर्पण में गुलाब की छाया के रूप में पीला
as pale as the shadow of a rose in a pool of water
पानी के पूल में गुलाब की छाया की तरह पीला।

But the Tree cried to the nightingale;
लेकिन पेड़ नाइटिंगेल से चिल्लाया;
'Press closer, little nightingale, or the day will come before the rose is finished'
'पास दबाओ, छोटी नाइटिंगेल, नहीं तो गुलाब खत्म होने से पहले दिन आ जाएगा'
So the nightingale pressed closer against the thorn
इसलिए नाइटिंगेल ने कांटे के करीब दबा दिया।
and her song grew louder and louder
और उसका गीत जोर से और जोर से बढ़ता गया।
because she sang of the birth of passion in the soul of a man and a maid
क्योंकि उसने एक आदमी और एक नौकरानी की आत्मा में जुनून के जन्म के बारे में गाया

And the leaves of the rose flushed a delicate pink
और गुलाब की पत्तियों ने एक नाजुक गुलाबी रंग को फ्लश किया।
like the flush in the face of the bridegroom when he kisses the lips of the bride
जैसे दूल्हे के चेहरे में फ्लश जब वह दुल्हन के होंठों को चूमता है।
But the thorn had not yet reached her heart
लेकिन कांटा अभी तक उसके दिल तक नहीं पहुंचा था।
so the rose's heart remained white
इसलिए गुलाब का दिल सफेद रहा।

because only a nightingale's blood can crimson the heart of a rose
क्योंकि केवल एक नाइटिंगेल का रक्त गुलाब के दिल को लाल कर सकता है।

And the Tree cried to the nightingale;
और पेड़ नाइटिंगेल को चिल्लाया;

'Press closer, little nightingale, or the day will come before the rose is finished'
'पास दबाओ, छोटी नाइटिंगेल, नहीं तो गुलाब खत्म होने से पहले दिन आ जाएगा'

So the nightingale pressed closer against the thorn
इसलिए नाइटिंगेल ने कांटे के करीब दबा दिया।

and the thorn touched her heart
और कांटा उसके दिल को छू गया।

and a fierce pang of pain shot through her
और उसके माध्यम से दर्द का एक भयंकर दर्द हुआ।

Bitter, bitter was the pain
कड़वा, कड़वा दर्द था।

and wilder and wilder grew her song
और वाइल्डर और वाइल्डर ने अपना गीत बढ़ाया।

because she sang of the love that is perfected by death
क्योंकि उसने उस प्रेम के बारे में गाया जो मृत्यु से सिद्ध होता है।

she sang of the love that does not die in life
उसने उस प्यार के बारे में गाया जो जीवन में मरता नहीं है।

she sang of the love that does not die in the tomb
उसने उस प्रेम के बारे में गाया जो कब्र में नहीं मरता है।

And the marvellous rose became crimson like the rose of the eastern sky

और अद्भुत गुलाब पूर्वी आकाश के गुलाब की तरह लाल हो गया।
Crimson was the girdle of petals
क्रिमसन पंखुड़ियों का गुच्छा था।
as crimson as a ruby was the heart
रूबी की तरह क्रिमसन दिल था।

But the nightingale's voice grew fainter
लेकिन नाइटिंगेल की आवाज़ तेज़ हो गई।
and her little wings began to beat
और उसके छोटे-छोटे पंख धड़कने लगे।
and a film came over her eyes
और एक फिल्म उसकी आंखों पर आ गई।
fainter and fainter grew her song
फ़ैंटर और फ़ैंटर ने उसका गीत बढ़ाया।
and she felt something choking her in her throat
और उसने महसूस किया कि उसके गले में कुछ घुट रहा है।
then she gave one last burst of music
फिर उसने संगीत का एक आखिरी विस्फोट दिया।

the white Moon heard it, and she forgot the dawn
सफेद चंद्रमा ने इसे सुना, और वह भोर को भूल गया।
and she lingered in the sky
और वह आकाश में घूम रहा था।
The red rose heard it
लाल गुलाब ने इसे सुना।
and the rose trembled with ecstasy
और गुलाब परमानंद से कांप उठा।
and the rose opened its petals to the cold morning air
और गुलाब ने अपनी पंखुड़ियों को ठंडी सुबह की हवा के लिए खोल दिया।

Echo carried it to her purple cavern in the hills
इको ने इसे पहाड़ियों में अपनी बैंगनी गुफा में ले लिया।

and it woke the sleeping shepherds from their dreams
और इसने सोते हुए चरवाहों को उनके सपनों से जगा दिया।

It floated through the reeds of the river
यह नदी के सरकंडे के माध्यम से तैरता था।

and the rivers carried its message to the sea
और नदियों ने अपना संदेश समुद्र तक पहुंचाया

'Look, look!' cried the Tree
'देखो, देखो!' पेड़ चिल्लाया।

'the rose is finished now'
'गुलाब अब खत्म हो गया है'

but the nightingale made no answer
लेकिन नाइटिंगेल ने कोई जवाब नहीं दिया।

for she was lying dead in the long grass, with the thorn in her heart
क्योंकि वह लम्बी घास में मृत पड़ी थी, उसके हृदय में काँटा था।

And at noon the student opened his window and looked out
और दोपहर को छात्र ने अपनी खिड़की खोली और बाहर देखा।

'What a wonderful piece of luck!' he cried
'क्या किस्मत का एक अद्भुत टुकड़ा!' वह चिल्लाया।

'here is a red rose!'
"यहाँ एक लाल गुलाब है!

'I have never seen any rose like it'
'मैंने ऐसा कोई गुलाब नहीं देखा'

'It is so beautiful that I am sure it has a long Latin name'

'यह इतना सुंदर है कि मुझे यकीन है कि इसका एक लंबा लैटिन नाम है'

he leaned down and plucked the rose
वह नीचे झुका और गुलाब तोड़ दिया।

then he ran up to the professor's house with the rose in his hand
फिर वह हाथ में गुलाब लेकर प्रोफेसर के घर की ओर भागा।

The professor's daughter was sitting in the doorway
प्रोफेसर की बेटी दरवाजे पर बैठी थी।

she was winding blue silk on a reel
वह एक रील पर नीले रंग का रेशम घुमा रही थी।

and her little dog was lying at her feet
और उसका छोटा कुत्ता उसके पैरों पर लेटा हुआ था।

'You said that you would dance with me if I brought you a red rose'
'आपने कहा था कि अगर मैं आपके लिए लाल गुलाब लाऊं तो आप मेरे साथ नृत्य करेंगे'

'Here is the reddest rose in all the world'
'यहां दुनिया में सबसे लाल गुलाब है'

'You will wear it tonight, next your heart'
'आप इसे आज रात पहनेंगे, आपके दिल के बगल में'

'While we dance together it will tell you how I love you'
'जब हम एक साथ नृत्य करते हैं तो यह आपको बताएगा कि मैं आपसे कैसे प्यार करता हूं'

But the girl frowned
लेकिन लड़की ने भौंहें सिकोड़ीं।

'I am afraid it will not go with my dress'

'मुझे डर है कि यह मेरी पोशाक के साथ नहीं जाएगा'

'Anyway, the Chamberlain's nephew sent me some real jewels'

'वैसे भी, चेम्बरलेन के भतीजे ने मुझे कुछ असली गहने भेजे'

'and everybody knows jewels cost more than flowers'

'और हर कोई जानता है कि गहने की कीमत फूलों से अधिक है'

'Well, you are very ungrateful!' said the Student angrily

'ठीक है, आप बहुत कृतघ्न हैं!' छात्र ने गुस्से से कहा।

and he threw the rose into the street

और उसने गुलाब को सड़क पर फेंक दिया।

and the rose fell into the gutter

और गुलाब गटर में गिर गया।

and a cart-wheel ran over the rose

और एक गाड़ी-पहिया गुलाब के ऊपर से गुजर गया।

'Ungrateful!' said the girl

'कृतघ्न!' लड़की ने कहा।

'Let me tell you this; you are very rude'

"मैं आपको यह बताता हूं; तुम बहुत असभ्य हो'

'and who are you anyway? Only a Student!'

"और तुम वैसे भी कौन हो? केवल एक छात्र!

'You don't even have silver buckles on your shoes'

'आपके जूतों पर चांदी के बकल भी नहीं हैं'

'The Chamberlain's nephew has far nicer shoes'

'चेम्बरलेन के भतीजे के पास बहुत अच्छे जूते हैं'

and she got up from her chair and went into the house

और वह अपनी कुर्सी से उठी और घर में चली गई।

'What a silly thing Love is,' said the Student, while he walked away

'प्यार कितनी मूर्खतापूर्ण बात है,' छात्र ने कहा, जबकि वह चला गया।
'love is not half as useful as Logic'
'प्यार तर्क की तुलना में आधा उपयोगी नहीं है'
'because it does not prove anything'
'क्योंकि यह कुछ भी साबित नहीं करता है'
'Love always tells of things that won't happen'
"प्यार हमेशा उन चीजों के बारे में बताता है जो नहीं होंगी।
'and love makes you believe things that are not true'
"और प्यार आपको उन चीजों पर विश्वास दिलाता है जो सच नहीं हैं ।
'In fact, love is quite unpractical'
'वास्तव में, प्यार काफी अव्यावहारिक है'

'in this age being practical is everything'
'इस युग में व्यावहारिक होना ही सब कुछ है'
'I shall go back to Philosophy and I will study Metaphysics'
'मैं दर्शनशास्त्र पर वापस जाऊंगा और मैं तत्वमीमांसा का अध्ययन करूंगा'
So he returned to his room
इसलिए वह अपने कमरे में लौट आया।
and he pulled out a great dusty book
और उसने एक बड़ी धूल भरी किताब निकाली।
and he began to read
और उसने पढ़ना शुरू कर दिया

The End - समाप्त

www.tranzlaty.com

www.ingramcontent.com/pod-product-compliance
Lightning Source LLC
Chambersburg PA
CBHW011955090526
44591CB00020B/2782
* 9 7 8 1 8 3 5 6 6 0 1 1 9 *